I0015258

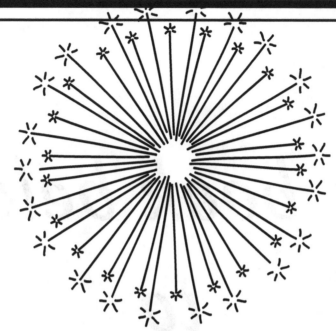

Sudoku for Adult

Activity Book

This book belongs to

Introduction

Welcome to Sudoku for Adult. There are 150 with 6x6 boxes. Ranges from easy to hard Fill in the missing numbers to complete the puzzle. Every column, row and grid must contain the numbers 1 through 9 without any repetition. Use logic to see where numbers fit in. Good luck!

Puzzle 1
Easy

		6			3		1	7
	4	5		6				
	9		5	1		4		6
4								9
		3	6		8	1		5
	1	2	7	5		8		
		9			5	3		1
	8		9		4		6	2
	3	4		7				

Puzzle 2
Easy

6		8	1				7	
				6	8		2	9
	1	7		2		4		
4			9		1	7		2
		3			7			
8		1	3				9	4
	6		4	3		8		1
1			2		6	9	4	
3		9						

Puzzle 3
Easy

	6	3	2		8	7	9	
	8			6	1			5
1						8		
	1		8	4		2		7
6					7			3
5		8	9			6		
			4			5	2	
2		6	1	7			3	
8		5			3			9

Puzzle 4
Easy

	7	1		6			4	3
		1			4	6		
	4	3			8			1
9	6				7	1		2
	5		4			9		
		8	6		1		5	
3				1	5	7		4
7	8				2			
		2	3			5	8	

Puzzle 5
Easy

	2			8	7			
8				1	9	6	5	
	5	9					7	2
			6		2		1	
	7	6		3		4		
3	9		7			2		5
	1		8		6		4	
		3						8
5	4			2	1	7	9	

Puzzle 6
Easy

		5			9			8
4		9	2	6		3		
8			1				2	7
9	1		4		2	8	5	
2								3
		7		8	3	2		
	5		3	9			8	4
7	4		6					
		1			5		7	2

Puzzle 7
Easy

	5		1		3			
		3	7			9	1	
1		9		5		3	6	
			4				7	6
7	2				9	4		
	6	1	2	3				9
2			3		5	7		
	3	4	6				5	8
	8				1		2	

Puzzle 8
Easy

7							2	
8		3		5	4	7		
		5	2	9		4	8	
4		7						
	1		3	8		5		7
		8	4		5	9	1	
2	8		5					9
				4	9		3	1
3		1			2	8		

Puzzle 9
Easy

	8		7			5	3	
5	2		6		8			9
		1			3		6	
7	9		2	8				3
1							8	7
	3		9	1		4		
9	5			3	6	8	2	
		4			2	7		
	6		1				4	

Puzzle 10
Easy

	4		5		2			
	9	2		1			8	4
		5	7			6	1	
	1		8				2	9
		9	2	6				8
	7	8			9		6	
8				7	6	4		1
	5				1			
4		1		5			9	7

Puzzle 11
Easy

	4	2	5					
	7		2				4	9
5			9		4		6	2
	2	5			1			7
		4		8			1	
	6		3	2		8	5	
	3					6	7	
2	1		4	6		9		
		9		1	7			3

Puzzle 12
Easy

7	4			6				
		1	5			2	7	
	5			3	9	4	8	
		5	9			8		
8				1		7	2	
4		9		2	6			3
2						3		
9	1		2	4			5	8
		7	3		8			2

Puzzle 13
Easy

				2				3
4	2		1	9		8	5	
	3	8			7	2		
2		6	4	9		3		
	9				5			8
1			8				2	7
	5				1		7	2
6			4	7				
3		9	5				8	4

Puzzle 14
Easy

5	6			9	4			8
	1	3			6		9	5
			8				3	
	9	4	2			8		6
6		5			9		2	1
			5	8				
1	5					2	4	
3				4	2			9
		6	9	3		1		

Puzzle 15
Easy

	2	1	4			5		
	9	3	1		8		4	
					2		8	9
4				2				7
9		7	3		6		1	
		8	9			6		4
		2	7					5
3				5		8		
7	4		6		1	9		3

Puzzle 16
Easy

9	5			8	3			2
		8		4		7		
1					7	6	9	
5			3		6			
2	8		4			3	7	
		4		1		9	6	
	7	2		6				9
3		9	1		8		4	7
				9	2			

Puzzle 17
Easy

	8						5	7
	4			1	3			8
7	1		5		8		6	
		7	4		1			6
	3						4	5
6		5		8	2		9	
					6	5		
3	7		9				1	2
8		9	1		7			4

Puzzle 18
Easy

9	6		1				4	
				6	3			5
3	7				4	8		2
		9	6			7	2	
	4	7		8	1		9	3
2				9				
7			4				8	
6	9			7				1
		2	8	3		5		9

Puzzle 19
Easy

5	9		8				3	2
2	3			6				5
				3	5	8		
	6	9		1				
1					2	4	6	
		2	5	4		9		3
6				5	8		4	
	8	7		9		5		1
	4				3	7		

Puzzle 20
Easy

8				9				6
		6			4		1	
7	3		5		8		2	4
4	7			8	2	3		
		9			5			8
2				1			7	5
	9					1		2
3	1		2	4		5		
5			9	3			6	

Puzzle 21
Easy

	8		3			9	5	
6		1			5			7
		5	6		7	4		
	7	6	5	4		2	1	
	1					6		
		9	1		3		8	
9		4			1	3		8
				9				
5	6		8		2		4	9

Puzzle 22
Easy

		7		1		5		
	2			7	9			3
	1	3	4				9	6
		6			2	8		
7		1		6	3		4	9
	5			8				1
5	4				8			7
			2	3			5	
3	6		7				2	4

Puzzle 23
Easy

8	6		3				1	
9		7			8			6
				2	1	9	7	
2		5						
	7		9	6			5	3
		6	2		3	7		1
		3	8	1		6		2
6		9		3	2			5
5						8		

Puzzle 24
Easy

		4		2	1			5
8		1		9	3		4	
2						9	8	
		7			2	5		
	5		3					8
1		6	7	4		3		9
		9			8	4		6
	2		4			7		
6		3	9		7		1	

Puzzle 25
Easy

4			5				8	2
3		5	7		2			1
		8		6		3		
	8	3	2		1	7	5	
		7		9			4	
6			3			9		
7	5		1		4			8
					6	5		4
1	6		8				9	

Puzzle 26
Easy

9			4	3			7	8
3	8				2	6		
	1			7				2
2		3	1	9			5	
	5			2	6	4		
4							9	6
1	3			8				
		8	5		1	3		9
6			3			5		1

Puzzle 27
Easy

8			4			5	9	
	5		9	2		4		
3	4				5		2	
7			1		9			
5	9			8		7	4	
	1		3				8	2
	8	7		1		3	5	
		4		3	2	8		7
1					8			

Puzzle 28
Easy

3				7				1
2		6	3		9	5		8
	1		8			4		
		7					4	5
9				6	7	1		
6		4		8	5		9	
	7		9					3
8		2	5	3			6	
5				4		2		9

Puzzle 29
Easy

		8	5		3	7		
1					6			3
	5	2		9		6		8
		6			4	1		
4			7					2
	9	5	8		2		3	6
	1			7	8			
	3	4				9	1	
	7	9		3		2	8	

Puzzle 30
Easy

	4						2	7
1		7	8	6			3	
		9		3	2	8		
7	3			1	6			
	1	2	5			4		6
				7		5		3
5					8			
	9			4			5	2
	6	3	1	9		7		4

Puzzle 31
Normal

	7					2		
9					2		1	5
3								7
7				4			8	
	1		9				3	
					8	1		2
		1			3			
		7	8			4		
4					1		9	6

Puzzle 32
Normal

	4		1	3	5		6	
7							1	3
	6				8	5		
2			3					
		7						
	5		2		7	9	8	6
		2		4			1	
							7	
4						3		

Puzzle 33
Normal

						3		
		2	8			6		
8								1
	8		1	9	6	7		
	7			4				9
3						1		6
		3						
	9			3	2	4	7	5
2					1			

Puzzle 34
Normal

		4	9					6
9						4		
	7			6	8			
	1		5	8		3	9	
	2		3		7			5
	8							
	4	5		3				
	9			7	1			
				5		6		

Puzzle 35
Normal

	6	1	8		2			
	3		4	1			9	
				3		7		
						9	5	
5		8					2	4
		2					6	
		7		9				
	2	9	1					5
			6	8		2	1	

Puzzle 36
Normal

					5	9		
1		8	4	2				
		5		6	1		3	
4							8	
						3	7	
2	7						4	6
3		4		1				7
			2			8	4	1
9			3					

Puzzle 37
Normal

	7	5	8	6				1
	8						9	4
				3				
	1						2	6
6		7						8
4						9	1	
1			3	4	8		7	
8			7			5		
	3				2			

Puzzle 38
Normal

			3	5				9
	4							
9	7			2		6		8
			1	7				2
				9		8	7	
			2		3		5	
	1							4
5	9	4	8				2	
		8			6		9	

Puzzle 39
Normal

	7		9	2		1		
3								
	8				7			
6			3			8	2	
			9	6				
		9						6
	9				3			1
7		2	8			9		
	1		5			4	6	

Puzzle 40
Normal

	8	4						
		5			9			
2		9	4		7			
		8		1		2		3
				5	3	7	9	
	6							1
	9	3					7	5
4				9	8	3		
					6		8	

Puzzle 41
Normal

					1		2	
5				6	3			
9		1			8			
4								
7			8	3		1		
6			1		4		8	5
		9	5			2		
3				4	2			
	5						9	

Puzzle 42
Normal

5								2
			2	1				4
				8	9			6
1			8					
				6	7			5
	5		1			8		
		2			3	6	4	
					7			
4	8				9		2	7

Puzzle 43
Normal

					1		5	
		9	5	6	3	2		
7			9			3		
4		2				6		
	3					8		9
	8	1					2	
					5			
	2			3	8		9	7
	6	4					3	

Puzzle 44
Normal

		5	8	6	7			1
	9				5			6
				3		7		
	2	1						8
4		3				1		
6							5	4
8		2				6		
				7				
1			6	4		5	9	

Puzzle 45
Normal

2	5			9			1	
	7			3				
		1			7			
			2				3	
9	6			4			2	
		4	7					8
3					2			9
	1	2					8	
8				7		4		

Puzzle 46
Normal

						7	6	
	5	2			6			8
8				4		3		
1							3	
		3						7
	6	9			1			5
	7		5				6	
6		1		4				
	4		8					3

Puzzle 47
Normal

	1		4		8		9	7
					5			
	6	3					4	
3		1				6		
	4					8		9
	8	2					1	
					2		5	
7				9		4		
		9	6	5	4	1		

Puzzle 48
Normal

.	9	.	.	.	6	.	.	.
.	.	.	3	5	.	.	8	2
.	.	4	1	.	2	.	6	.
.	.	8	.	.	.	.	.	5
.	4	7	.	.	.	.	.	.
1	.	5	.	.	.	7	.	3
.	.	.	.	4	.	.	.	9
7	.	.	2	.	.	.	5	4
.	5	2	.	3	8	.	.	.

Puzzle 49
Normal

				5				
		2			1			
9				8		2		
		5	1	8				
	4				3		6	
	2			4		1	3	8
	3		4	6	7		5	9
5								
		9						1

Puzzle 50
Normal

	9				3			2
	6							
1							3	
9	1						6	
4				7		5		
	5		9	4	1	3		
								6
			1				2	
8	7	5	2	6		4		

Puzzle 51
Normal

					5	6	3	
				1	9		8	
2							1	
		1			7	3		8
8	5				6		4	1
					4			
					3	4	2	
9			5					
		2		9				5

Puzzle 52
Normal

8			1					
6	2	1		9		5		
		5		6			3	
			9			8		4
				4	5			6
				2		9	7	
4	6		5		3			9
			6			7		2
1								

Puzzle 53
Normal

		6	8					9
8			4	9	5			2
				1			4	
	2			7	9	6	8	
				4				
3	5						9	
2		3						5
	9					8		7
1	7						2	

Puzzle 54
Normal

		9					2	
6			4			7		
2	3	7			6	1		
				5	9		1	
				7		5		6
			8		1	3		
	7	5		1			6	4
				3	8		7	
		2						

Puzzle 55
Normal

2	5		4					
9							1	
7			8	9				
					4		8	
1	3		2					
		4		8				1
3		9	5			4	7	
	2	7	6					9
			3					

Puzzle 56
Normal

		7			1			
3								7
9					1		2	5
		2		9			3	
7			4				8	
					8	2		1
	2				3			
4					2		9	6
	7			8		4		

Puzzle 57
Normal

		7		9		2		1
				4	2		8	6
	5					9		
	8	2				4	6	
3				8	7			2
					5		7	
		4			8			
1		8	3		6			
	7	3						

Puzzle 58
Normal

4			6		7			
		9		4		3		
	5			8				6
7				6	1	5		
			7					3
					3	8		
	4		9				3	
8							6	
6				5	2	9		

Puzzle 59
Normal

		3	7		5			8
						6	3	
	6			3				
6				1			8	
1			3		9			2
	7	4			6			5
4					1	7		6
	5						4	
		8						

Puzzle 60
Normal

6	1	2	5				9	
	5				3		6	
8								1
				6		5	4	
			8	4				9
			9		7		2	
			7	2				6
4		6		9		3		5
1								

Puzzle 61
Hard

8								6
	3		5			9		
		5						
3			2					8
				6		2	1	
	1		3		4			
	2	7						
1				8		6		4
			6	9		3		

Puzzle 62
Hard

1	5							
				9	3		6	
		4			2	7	9	
	6		5		2			
				9		5	4	
4		7	6					
6			8			3		
	2				9			
8								

Puzzle 63
Hard

6								2
5	9		2					
	4		1	6				
2			5				6	7
	6				3			1
		7	4			5		
			6		9		7	
						8		3
							9	

Puzzle 64
Hard

		7	6		5		3	2
		9		4				
								7
				7			9	5
					8			
			3			7	6	
	4		8	2		3		
	1				6			
9		8	7					

Puzzle 65
Hard

7					8	1	2	
					3			5
			2	6			4	
	9	6				4		
4		5					7	
								2
			6			8		
	1	7	4				5	9
	4							

Puzzle 66
Hard

4		1			7			8
	2							5
3						4	6	
			3					
2	9		1	7		3		
		8				6		
		3	9	6				
	4							
7				2	3			

Puzzle 67
Hard

					2		8	5
	6	1						
9				3	5		7	
7				5				
		2			8			4
	4							
2				7				1
			9		1		5	
		9				3		2

Puzzle 68
Hard

						6		3
							9	
9		1					2	
	1	4			7			
				1		5		
		5		8	9			
		7	2					8
		8		5		2	1	
6					1	4		

Puzzle 69
Hard

8		9						6
	4		7		6			
7				2			8	
						5		
5			3					8
				4			2	
	2		4	9			6	
						1		7
4	3		8					

Puzzle 70
Hard

6				3				
1			7		5		9	
	8	5			4			
						4		
	8	1						
	4		2	3	7			9
			5					
				9			4	3
		4			2			8

Puzzle 71
Hard

	5			8		1		
6					9		7	
7			4			9		8
								3
8	3							9
						5	2	
1		8		6				
4			7	3				
			8			4		

Puzzle 72
Hard

	5	1					2	
							5	
						7		3
	7				1	4		
		9		6		2	1	
		8	2					9
				1		6		
		6		9	5			
1		4			8			

Puzzle 73
Hard

				2		5		3
					9		4	
		6	1	3			7	
1	6			9	8			2
			7					5
2								
					3			
	9	2		6				
8	5		2					

Puzzle 74
Hard

5				4				7
		6			7		5	
		3	9					
							8	
	2				9		7	6
4	1					2		
2	7				1	6		
						5		
8				2				4

Puzzle 75
Hard

		8			7		4	5
								6
2		1				8		
	9			7				
	4				5			3
3			2				5	
8		5			1	4		
						3		
6			8				2	

Puzzle 76
Hard

2								
			9				7	
1		8		5	6		2	
				6				4
					2	7	3	
	8		1		3			9
				3				
5		7	2					
	2	6			8			

Puzzle 77
Hard

3					4	2		
8			6					
		2		9			4	
	1	9						7
	7			6		4	3	
						5		
								2
	4	7		1				3
		5		7			9	

Puzzle 78
Hard

3			2	7				
7								
	4	9						
			1		2			6
		8					2	
			8				5	7
	5		6			3		
		1		9				2
2		3	5				8	

Puzzle 79
Hard

	9							
	2				1	3	6	
		8		6			4	
		3		8			9	
9					3			2
			5					7
	6					1	8	
3		2			5	6		
4								

Puzzle 80
Hard

9								
4					3	8		5
	2			8		6		
			7				1	
	5			2		9		
		9			5		4	
		6						
	4	5			7			8
8						2		3

Puzzle 81
Hard

7				6				4
	5		8	7				
					2	5	6	
		9						
	7			9			1	
4								2
	6	3						
			2	1		7		
5				4			2	8

Puzzle 82
Hard

		4	7	2		9	3	
		6						8
				4				
8					7		5	2
1						3		
	6	5					4	
			3		4		7	
			6	9				4
						5		

Puzzle 83
Hard

		4	3			9		
					7		3	2
	2		5	4				
6								
	4			6			1	
		9				7		
				7	1		4	
		2			9	5	7	
8	3							

Puzzle 84
Hard

6		1	4				5	
							9	
		7			1	3		
4		3					1	
1			8			5		6
								7
	2			8				
	5		6					9
		9			3	6		

Puzzle 85
Hard

3			4			1	8	
			9					6
				2	8		7	
								8
	5	2				7		
7		6					3	
	7							
	1	3			7		6	5
				2	4			

Puzzle 86
Hard

6					2			
				8		1	2	
				5	9	6		
	9		3			8		
1				2				7
3		2			6	9		
		3				2		5
		5						
7	4							

Puzzle 87
Hard

3		7						
					8	1	2	
	9			5	2	4		
	8			4				7
		9					8	5
			9		7	2		
6								
		8			1		6	
	4			2				

Puzzle 88
Hard

	9	2			7			
		3						7
	1		3		6			
							5	8
			9	3		4		
						9		
	3		8					6
		7			2	3		4
4				1		2		

Puzzle 89
Hard

		4		7	1			
5		7			9			2
						3	8	
9				3				4
			5	4		2		
	2	3			7			
		1		6		4		
7								9
							6	

Puzzle 90
Hard

8	7		4					
					9			
	3	6		8				
	4	1	7		6	8		
		8						
				5		3		
			8			9		3
					7		2	
4			9	1			5	

Puzzle 91
Very Hard

	7	3	5		4			
1								
	4					9	7	8
				9	2	8		
			4			3		1
		1						
	9			3	8		4	
	2		7	1			9	

Puzzle 92
Very Hard

	2		1					
			6		8	5	4	
				2				
5			8				3	
	8		9			6		
4						2	1	
	2			3				
3	1			4				
				6		4	8	

Puzzle 93
Very Hard

		2	8					4
		9	3	1				
	4			7				5
1								3
			9	2			4	7
						1		
			4	9			7	
	3	8					9	
	1						8	

Puzzle 94
Very Hard

6	3	4		8				
					1			
			2	6			8	9
	1	2						8
			1					
		3				4	5	
4				5		1		6
8				4		2	3	

Puzzle 95
Very Hard

2		4			3		7	
1	6			8				
					1	8	6	9
					5			
	5				9			2
	4		6			3		
					8		3	6
	7							
6	2	8				7		

Puzzle 96
Very Hard

4	9						7	6
	6		2	1	9			
		5						
			1			2		3
5								
			4	5			6	
	3				2	5	9	
	2				6	4		1

Puzzle 97
Very Hard

		9			6			3
		2		4	9			
4					5	2		
		5		2	1		8	6
			5					
						9		
5				7				
3	4		9			7		8
9			1	3				

Puzzle 98
Very Hard

3	8		2			5		6
							2	
		9						
4			9					3
			5			1		9
		5		1				2
				2		7		
8		7		4	1		9	
				9		4	6	

Puzzle 99
Very Hard

4						3		2
			3					
	1	9						8
5	4		2	7				
					3			
				4		8	7	9
7		3	1				9	
	8	2	9				4	

Puzzle 100
Very Hard

		2		3				
6		9				1		5
	3							
4			3					
9						5		6
5			2		4			
					5	3		2
		7	6			9		
		6			1			4

Puzzle 101
Very Hard

1		8		6	5			
		5				8	9	3
	2							
			3		4			9
				5			2	1
2								
		4	2	8		3		
		3	1		9	5		

Puzzle 102
Very Hard

				5	9			3
	2				1			9
		3			6		5	
			6					
		9						
8	1			3	4			6
			4	2			9	
	8	7	9			5	2	
				7			6	

Puzzle 103
Very Hard

	2			7				
	4	1	9				8	7
	9		6	4				
5				1	9			
9					3		4	
	1				2			5
								9
2				5	6	8	3	
			2					

Puzzle 104
Very Hard

			1	8			4	
	3	2	4			5	8	
				2			6	
		9			6		5	
				5	4			9
	8				7			4
3	7			9	1			6
			6					
		4						

Puzzle 105
Very Hard

								1
	1	2		4				
		8	9		3			
9			1	7		3		
4			2		8	9		
7	8	9				4		
						1		
				5	4		7	2

Puzzle 106
Very Hard

	9			7			2	
	1				6	5		
						1		
			2	4	5	8		
9		6	3			7		
	2	8						4
	3							
4	6	2		3				
			7			2	4	

Puzzle 107
Very Hard

6	3					9		8
2			1					
		1						
3					9			7
4				3		6		
					8	1		2
	8			2	7			
	6					8		3
	7			1				

Puzzle 108
Very Hard

6		2						7
				9	7			5
		1						6
8				6			9	
		9			5		3	
7				2	1			
	1						2	
				7	8		5	9
						1		

Puzzle 109
Very Hard

				6	5	8	3	
8	9	1				5		
								4
		9	1		2			
							4	
	4	3		5				
5			3		9	1		
1			4	8		2		

Puzzle 110
Very Hard

	2	1		7				
	5			9				
		7	8	2		5	6	
7	8				3			
9			8		3			
4				7			2	
						7		
		9						
1	3				9		4	6

Puzzle 111
Very Hard

		7		6	1			4
9								8
							9	
	7			5				1
	1		4					2
		6	9		8			
			6		1	4		
	9					5		
	8	5				6		

Puzzle 112
Very Hard

7		8	5					
			6			1		
			7			3	6	
2		7	5	8				
			3					1
				1				
5			9			8		
1		3					7	
	6		8				2	

Puzzle 113
Very Hard

	5				8	3		
9	8				1			
	4			9			1	
6				4				
		8	9	3		7	6	
3		2		8				
		4						
1	2				4	5		7
							8	

Puzzle 114
Very Hard

	5				6		9	
		4		7				8
		9	5		4			
	4		8	1				
	6		2					
5	8			4			2	3
		6	9		1	3		7
							4	
				6				

Puzzle 115
Very Hard

		7	8			3		
	3		6	7				
	6		9				2	
7		2			6	4	5	
		6		2	1			
		8		4				
	8		1	3			9	5
					8			
						6		

Puzzle 116
Very Hard

			7			2		4
			9					5
6		5		4	8	7		
3	6		9				2	1
		7						
						9		
4			7				3	
			1				7	8
		1		8			9	

Puzzle 117
Very Hard

	3	2	4					
						3		
		8		9	1			
							3	
7	8	9						4
			5		4	2		7
4				2	8			9
9			7	3				1

Puzzle 118
Very Hard

2				1				
6	3					9	8	
		1						
					8	1	2	
3					9		7	
4			3			6		
	6						8	3
	7		1					
	8		2		7			

Puzzle 119
Very Hard

7							3	
	9	6	3	4		5		
	5					1	9	
						7		
		7		8	4		2	1
		5						
6			2					7
	2						6	5
	5		9					8

Puzzle 120
Very Hard

		3	8	4		1	6	
								3
				9				
	9		5			4		
	6					9	2	
	2			6		3		
	9						5	1
	3						7	
2	5		8	7				9

Puzzle 121
Extreme

9		4	8			2		
						4	5	
				6				9
	7	1		5				
			2				7	
	2			1				
				8				
4		2				3		6
	3		9			7		2

Puzzle 122
Extreme

	6							3
1			9	3				
9				6				
		4	8		5	6		
2							5	
						8		1
4								
	5		7			3	6	
			6		8	7	2	

Puzzle 123
Extreme

					5			
7		9					8	3
8				6			4	7
1	4				2			
	7				1			
				7		4		
9		6	5				7	
					3			6
						2	9	

Puzzle 124
Extreme

	4			2				
			6				7	3
				9	7		4	8
		1			9		8	7
					6			9
7		4						
					5			
	7						6	
1		2	3			5		

Puzzle 125
Extreme

			4	7				
6								9
9			1				8	7
7		9					4	8
	6						7	3
		2			4			
5								
	3		2	1		5		
					7		6	

Puzzle 126
Extreme

		4						
			5					6
	2				4	1	9	
		8	7	6		9		
						3	6	
		5		8				
	5		6	2				
1								3
8		6	3	7				

Puzzle 127
Extreme

8		4				7		9
3		7					6	
				4				2
						5		
	6				7			
	5		2	1			3	
			4	7				
9						6		
7		8	1			9		

Puzzle 128
Extreme

			5					
7		9				8		3
8					6	4		7
9		6		5		7		
			3					6
						9	2	
1	4		2					
					7		4	
	7		1					

Puzzle 129
Extreme

9	6		5					
7	3			6	1			
					8		3	
		4	9			8		2
	5						6	
				4				
1				5				
						3		6
6	7			1		2		

Puzzle 130
Extreme

4								
		5		6	3			7
				2	7	8		6
1							6	
		6	3					
9							3	1
			9		8			
	4				6	5		8
2				5				

Puzzle 131
Extreme

					4			
2	7					6		8
6	3			5		7		
	8	1						
5					2			
	6		4			8		5
					1	9	3	
		3		6				
					9		6	

Puzzle 132
Extreme

9	3		2			4		
					1			
4	8					3		5
					7	6	9	
					6		3	
		9	3					
3				1		5		2
5		7						
	2				8			

Puzzle 133
Extreme

			1	7			5	
			8	2		3		1
		8				6		
								9
6	4		9				7	
		1		5				
8	1							
					3			5
4				2	1			3

Puzzle 134
Extreme

						5	3	
		8		9	3		1	
6								9
8								
	9				2		7	1
				3	1		2	6
4			1					
	1					7		
5			7		4			

Puzzle 135
Extreme

1			4					
5	6		1			2		
							9	5
		3			8	7	2	
	4							5
			3					
8	5				4			
				7				9
6	9		5	1				

Puzzle 136
Extreme

	3	4						
8			5					
	9			7			3	8
		6			9			
			1			9		
			4			6	1	
			7					
9	6				8		2	
5	2						9	3

Puzzle 137
Extreme

	7						4	8
		9		5				
8		2					1	5
				8				7
6								
	4		9		3	6		
			5		8			
7							2	
2			3				8	1

Puzzle 138
Extreme

	5		9		6		7	
							9	2
		3				6		
		2	1	4				
7								4
		1		7				
6			8			7	4	
		5						
			7		9	3	8	

Puzzle 139
Extreme

		6		9				
			3				9	
			4				6	3
			7					
1	5					2		9
6	9			8				1
2		4						
	8		5					
9					7	8		2

Puzzle 140
Extreme

		8	6					
			4			7		5
				2	5	3		8
					4	2		
8	5							
1				2	5			3
6	1		7				9	
				9				
		5						4

Puzzle 141
Extreme

		6		4	8		9	
7			1					
						6		
2	1				4	3		
			1	5				
	3					7		
			5					8
5	2					1		3
1	9						7	

Puzzle 142
Extreme

			9					
	5							4
9					7	3	6	
	2		5					
						4	8	
	4	1	2				3	
				6				8
	1	8	4	2				
	7	4			5			

Puzzle 143
Extreme

	9	5				8		
				6			4	
	6	2					3	9
7			4	1		5		
	8				9			
								7
			6	9				
		3						8
	2	9	1					3

Puzzle 144
Extreme

5						1		
			2				5	
2		1				8		
			8	7				
	4	7		5				3
					4	9		
	7	5		6	9			
		6		2	5		4	
						3		

Puzzle 145
Extreme

				7	6			9
				3				6
7							3	
	3		2		5	1		
		2						8
9	5							
								1
	7	3			4		2	
	4	8	5		3			

Puzzle 146
Extreme

			3	6				
		5					8	
		8	9				6	7
	5						2	6
8		6					7	3
1					3			
					6			5
		4						
	2		1	9		4		

Puzzle 147
Extreme

	1			3	2	4		
2	7							
					4	9		
1	5		8					6
		2		9				
						8		
				2	6			9
		7					5	
				7	3	2	4	

Puzzle 148
Extreme

					6			
5	8					2	4	
9	4		3				5	
					1			4
					7		1	9
		9	4					
4				6		3	2	
	3				8			
2		7						

Puzzle 149
Extreme

	4	2	6	3				
	3		2	7			9	
					8			
7		1			5			
2					1			
				7		2		
			4	5				
		9			6			
9	4		2					8

Puzzle 150
Extreme

	3		9	4		6		
1	4		3	8				
								5
	2	9						7
		4						2
					9	4		
				6				8
			1		7			
6	1		4				5	

www.ingramcontent.com/pod-product-compliance
Lightning Source LLC
Chambersburg PA
CBHW080535060326
40690CB00022B/5136